CAISSE NATIONALE

DE RETRAITE

Formation - Organisation - Conséquences

ASSURANCES

Extinction de la Dette publique et Rachat des Chemins de Fer

J. PAYEN

PRIX : UN FRANC

AVIGNON

IMPRIMERIE ADMINISTRATIVE EUGÈNE MILLO ET Cie

74, Rue Carreterie, 74

—

20 Juillet 1896

CAISSE NATIONALE

DE RETRAITE

CAISSE NATIONALE

DE RETRAITE

Formation - Organisation - Conséquences

ASSURANCES

Extinction de la Dette publique et Rachat des Chemins de Fer

J. PAYEN

PRIX : UN FRANC

AVIGNON

IMPRIMERIE ADMINISTRATIVE EUGÈNE MILLO ET Cie

74, Rue Carreterie, 74

20 Juillet 1896

LE SOCIALISME ET LA RÉVOLUTION

En décrétant l'égalité des droits, la Révolution Française a rompu avec les vieilles traditions sociales qui classaient l'individu suivant son état de fortune, sa profession, sa naissance, ses titres nobiliaires et vouaient la classe la plus nombreuse de la société à l'immobilité et à la servitude.

Malheureusement l'affranchissement des travailleurs ne pouvaient être accompagné de l'égalité des fortunes et, par la privation du capital et du défaut d'avances, le prolétaire continua à se trouver, au point de vue économique, dans une situation déplorable qui le repoussait dans l'abime des misères d'où la Révolution avait voulu le tirer.

Dès lors on se préoccupa avec raison des intérêts matériels de l'ouvrier et tous les efforts des hommes généreux se portèrent à la recherche du remède : Fournir au prolétaire le moyen de se créer un capital, d'acquérir la propriété, de se procurer l'aisance ; améliorer ses mœurs, développer son instruction, tel fut le but auquel ils se vouèrent.

Le problème était aussi vaste que varié dans ses résolutions. C'est de cette étude que sont sortis la foule de moralistes, d'économistes, de doctrinaires que nous avons vus à l'œuvre dans la première partie de notre siècle auxquels ont succédé nos socialistes modernes.

Ces hommes, chacun en leur spécialité et suivant la nature et la variété de leurs conceptions, ont créé des écoles, des institutions, des partis qui, à leur tour, se sont classés, subdivisés, formant un ensemble disparate, mais ayant un objectif unique : *Extinction du paupérisme.*

Il serait injuste de méconnaître que de grandes améliorations ont été réalisées dans ce sens.

En effet, il est avéré qu'il n'y a pas un pays au monde où la propriété soit aussi divisée qu'en France, et la réputation qu'a le peuple français de peuple économe, est amplement justifiée par la richesse publique et par l'épargne individuelle dont le chiffre est fantastique.

Cependant si l'étude de cette question, enfantée par la Révolution, a produit de grands bienfaits, elle a aussi doté notre pays d'une foule d'aspirations, de doctrines, de théories, d'idées et de vues qui sortent de son cadre quoiqu'on s'efforce de les y rattacher.

Après avoir indiqué au travailleur le moyen par la sage prévoyance, l'épargne individuelle bien comprise et bien employée, de devenir capitaliste, propriétaire, patron, rentier, etc., on en est arrivé à démontrer que l'homme avait droit au travail, à l'assistance, à la bienfaisance, à sa part de terre, voire même à sa part de tout ce qui constitue la richesse nationale. En effet, les socialistes modernes, indécis sur la marche à suivre, perdus dans le fouillis inextricable d'idées et de conceptions au sein desquelles ils puisent leurs revendications, divisés sur le point de savoir comment ils appliqueront les réformes qu'ils préconisent, s'attaquent sans ordre et sans méthode à l'Etat, qui représente la société et lui disent :

« Vous allez nationaliser la propriété, vous don-
« nerez la mine au mineur, la terre au cultivateur,
« vous monopoliserez tous les grands services
« privés de la nation, vous supprimerez l'hérédité
« des biens, vous régulariserez les heures du travail,
« vous fixerez le salaire de chacun, etc... »

Autant de questions, on le voit, dont la solution est du domaine de l'imagination, qui demandent la transformation complète des mœurs et des lois sur lesquelles repose la société, qui créent aussi la défiance, sèment la haine entre les classes, les éloignant de plus en plus les unes des autres et qui, dans tous les cas, jettent la perturbation dans notre ordre social.

Dans un état politique comme le nôtre, où la liberté est plus qu'une devise et la raison même d'être de cet état, ces conceptions sont d'autant plus dangereuses qu'elles peuvent mieux se développer ; elles s'adressent généralement à un public dont les souffrances produites par les difficultés de la vie le prédisposent à considérer comme juste et équitable ce qui serait, comme dit Bastiat, « le despotisme incarné », ou comme a dit Clémenceau « faire de la France une vaste caserne. »

Ce qu'il faut dire et désirer, c'est que la République continue l'œuvre entreprise par la Révolution française, c'est-à-dire qu'elle fasse participer cette société, que les socialistes austères trouvent vermoulue, à la résolution des questions sociales pratiques, les plus frappantes, les plus justes et dont la nécessité s'impose, laissant à chacun l'initiative de son propre bonheur suivant ses aptitudes, son caractère et son tempérament.

Par de sages réformes elle démontrera que le socialisme tient plus du sentiment économique que de l'opinion politique ; qu'un républicain est toujours socialiste alors qu'un socialiste n'est pas toujours républicain et qu'enfin ce titre de socialiste, dont on abuse tant pour se donner une couleur plus accentuée ou pour masquer une déception et un mécontentement, un intérêt ou une ambition, n'est l'apanage d'aucune classe de citoyens.

C'est dans cet esprit que je vous soumets l'étude suivante qui est à la fois d'ordre économique, politique et social.

CAISSE NATIONALE DE RETRAITE

POUR LA VIEILLESSE

―――――――

> La Prévoyance est une des vertus
> sociales les plus éminentes.
>
> (*Dict. Economie politique.*)

L'étude de cette question m'a été suggérée par la per-
sistance avec laquelle toutes les assemblées parlemen-
taires, les congrès maçoniques et socialistes, l'inscrivent
à leur ordre du jour.

Chaque fois qu'elle a été présentée elle a toujours
donné lieu à l'émission d'un vœu favorable, cependant
et j'en ai été surpris, jamais je n'ai vu ce desideratum
appuyé sur une étude approfondie indiquant les voies
et moyens d'y parvenir et fournissant, dans tous les cas,
un élément sérieux d'appréciation permettant d'en
entrevoir la réalisation.

C'est que le problème est d'une effroyable complexité.
Il repose sur tant de calculs hypothétiques, demande
un effort pécuniaire si considérable, donne lieu à des
chiffres tellement énormes, se mariant désagréablement
avec une foule de considérations de la plus haute importance, qu'il n'y a rien d'étonnant à ce que les meilleures
volontés aient reculé devant une tâche aussi ardue et
aussi redoutable.

Jusqu'à présent on s'est donc borné à reconnaître le
bienfait de l'institution, laissant à d'autres le soin d'en
examiner les détails et de conclure sur les conséquences
qu'entraineraient son application et son organisation.

Les moralistes ont fait de la prévoyance une vertu et
les économistes à leur tour ont fait de l'épargne, qui en
est la résultante, une science.

Par des calculs sérieux, par des combinaisons aussi
ingénieuses que variées, ces derniers nous ont démontré
les résultats surprenants de l'économie bien employée.
Ils ont doté notre pays d'une foule d'institutions économiques : Associations de capitaux, Compagnies d'assurance de toute nature basées sur la vie et les risques
occasionnés par la fragilité humaine, Sociétés mutuelles,
etc., ayant toutes pour principe la prévoyance et comme
objectif la fructification de l'épargne individuelle.

L'épargne française est, nous l'avons dit, considérable ;
mais pour bien en juger, ce n'est pas dans les contrats
d'assurance passés avec les Compagnies ou avec l'Etat,
que l'on pourrait s'en faire une idée exacte. En effet,
de 1850, époque de sa création, au 31 décembre 1885,
c'est-à-dire en 35 ans, la Caisse nationale des retraites
pour la Vieillesse, n'avait passé que 278.782 contrats
de rentes viagères, soit une moyenne par an de 7965.
La totalité de ces contrats représentant chacun un
déposant, donne relativement à la population de la
France les proportions suivantes :

Sur 38 millions d'individus, 1 sur 136
Sur 25   —   d'adultes, 1 sur 90.

On voit donc que l'épargne ne s'est point portée sur
ce genre de prévoyance qui consiste à s'assurer une fin
d'existence exempte des soucis de la misère.

D'où provient cette indifférence ? Elle est due à une
foule de causes dont les principales résident dans ce
sentiment égoïste qui fait que l'on a peur de ne pouvoir
jouir de la retraite à laquelle on s'assure ; la crainte
également de ne pouvoir remplir jusqu'au bout les

engagements de son contrat et de perdre par ce fait la totalité ou une partie des économies faites dans ce sens, enfin, la plus importante de toutes, est la cherté de l'assurance.

En effet, en consultant le tarif actuel, commun à toutes les Compagnies d'assurance sur la vie, on voit qu'une personne de 21 ans qui veut jouir d'une rente de 600 francs après 25 ans, soit à 46 ans, doit verser une prime annuelle de 232 fr. 02 ; après 30 ans, soit à 51 ans, la prime est de 153.18, et après 35 ans, soit à 56 ans, elle est de 102.26.

Le tarif de la Caisse nationale des retraites pour la vieillesse instituée et gérée par l'Etat, quoique étant meilleur marché, donne les résultats suivants : Pour s'asurer 600 francs de rente à 55 ans, il faut verser annuellement depuis l'âge de 20 ans la somme de 71.68. Il ne faut pas perdre de vue que cette prime est fixée sur un tarif dont l'intérêt de 4 % est la base, qu'il vient d'être réduit à 3.50 %, que par conséquent la prime s'est accrue. Elle est actuellement de 83.81 et elle tend à augmenter en raison de la diminution progressive de l'intérêt des capitaux.

Eh bien, on l'avouera, l'assurance constituant une retraite offerte à la prévoyance individuelle, quoique donnant des résultats appréciables et bienfaisants, n'est pas à la portée de tous les travailleurs. Tous ne peuvent supporter une pareille charge, qui représente environ le douzième du prix de leur travail, étant donné que le salaire moyen annuel de l'ouvrier est de 8 à 900 francs. Et voilà pourquoi les modestes économies se déposent dans les caisses d'épargne, s'amassent dans les vieux bas de laine et prennent en un mot une tout autre destination.

*   *
*

C'est l'association fondée sur la
solidarité des individus qui crée la
sécurité, l'abondance et la force.

(E. About).

Du reste notre conception a une toute autre envergure.
Elle ne borne point ses aspirations à passer des contrats
individuels se résumant dans une opération financière :
Elle fait appel à tous les citoyens d'une même nation,
riches et pauvres, heureux et malheureux, économes et
prodigues et les fait contribuer à une œuvre qui repose
entièrement sur la prévoyance collective et qui a pour
principe la solidarité nationale.

Elle décrète l'obligation de la prévoyance dont l'ab-
sence tend sans cesse à accroître les inégalités sociales.
D'après Cherbuliez, c'est l'imprévoyance qui est la cause
première, la cause radicale de l'indigence, de la misère
et du paupérisme.

Rendre la prévoyance obligatoire c'est donc suppri-
mer tous ces maux et nous considérons que ce n'est pas
plus porter atteinte à la liberté individuelle que n'y a
porté atteinte l'instruction obligatoire : Celle-ci est à
l'esprit ce que celle là est au corps c'est-à-dire, indispen-
sable.

Jusqu'à présent la prévoyance individuelle a pu préserver la société des conséquences d'une trop grande
indigence générale. L'assistance publique a pu suffire
à son devoir en préservant de la faim les quinze cent
mille individus inscrits dans les Bureaux de bienfaisance
français, mais il faut tenir compte des conditions économiques qui se modifient de jour en jour, qui transfor-
ment le prolétariat, qui déconcertent de plus en plus la
prévoyance la plus clairvoyante et qui enfin, augmen-
tent nécessairement et peu à peu le nombre des miséreux.

Donc si la prévoyance individuelle peut être mise en
défaut la prévoyance sociale doit la remplacer.

Comment la remplacer ? Par des réformes, des lois fécondes en résultats qui fassent converger toutes les forces vives de la nation vers la diminution du paupérisme en France.

La caisse que nous préconisons serait, nous le croyons, d'un concours puissant à cette œuvre éminemment sociale.

Formation de la Caisse Nationale de Retraite

POUR LA VIEILLESSE

Tous les citoyens français de 19 ans à 54 ans révolus doivent contribuer pour une égale part à la formation d'une Caisse nationale de retraite pour la vieillesse.

Tous les citoyens français de 55 ans et au-dessus jouiront d'une rente viagère en rapport :
1° Avec les versements qu'ils auront accomplis ;
2° Avec les charges familiales qu'ils auront eu à supporter pendant la période de contribution ;
3° Avec leur situation de fortune à l'époque de la jouissance.

Notre projet comporte donc deux parties bien distinctes qui correspondent à deux périodes.

La première que nous désignerons, sous le nom de « Période de contribution. »

La seconde que nous intitulerons : « Période de jouissance.

Période de Contribution

En décrétant l'obligation nous n'avons pas eu dans l'idée d'établir une contribution fixe, journalière ou annuelle pour tous.

Il ne faut pas qu'elle soit lourde à supporter et difficile à percevoir, il faut tenir compte des chômages, accidents ou maladies, l'obligation n'a pour but que d'empêcher les mauvaises volontés de se soustraire à ce devoir de solidarité sociale.

Pour y parvenir c'est : 1° Sur la journée de travail que nous prélèverons la contribution du travailleur et atteindrons le journalier ; 2° Sur la mensualité des appointements que nous atteindrons l'employé ; 3° Enfin, c'est par une contribution fixe annuelle que nous atteindrons, les rentiers, propriétaires, commerçants et toutes les professions vivant de leur travail personnel ou du travail des autres.

LE JOURNALIER. — Le journalier des campagnes, d'après les statisticiens, en tenant compte des chômages, a un salaire minimum de 2,50 à 3 francs et l'ouvrier des villes de 3 francs à 3 francs 50 cent. par jour.

(Cette différence de salaire est compensée par l'inégalité des charges qui pèsent plus lourdement sur l'ouvrier des villes : droits de consommation, loyers plus élevés, besoins factices créés par les agglomérations, etc).

Quelle somme peut-on bien réclamer à un ouvrier qui gagne un aussi modeste salaire ?

Nous pensons qu'en fixant le chiffre de 10 centimes par journée de travail, l'ouvrier pourra satisfaire sans trop de difficulté à l'obligation exigée.

Le patron sera tenu de percevoir cette contribution en acquittant le salaire de ses ouvriers.

L'EMPLOYÉ. — Le minimum de salaire d'un employé

est de 80 à 100 francs par mois. Nous lui réclamons 2 fr. 50 sur ses appointements mensuels et c'est l'employeur qui les percevra.

(On verra plus loin, lorsqu'il s'agira de l'organisation, comment cette perception sera faite et sous quelle forme elle sera enregistrée au profit de l'ouvrier ou de l'employé).

Pour tous les autres citoyens, ils auront à verser annuellement une somme de 30 francs qui sera perçue suivant les formes établies dans la partie relative à l'organisation.

REMARQUE. — Etant donné que la rente viagère sera proportionnée aux versements effectués, il est évident que le maximum de la retraite sera basé sur la plus forte contribution versée, soit 30 francs. C'est donc 300 journées de travail qui seront imposées de 10 centimes à la charge de l'ouvrier et 12 mensualités de 2 fr. 50 à l'employé. Ces chiffres ne prévoyant pas les chômages, il serait donc logique d'accorder à ces deux classes de contribuables la faculté d'acquitter les quotités en retard à tout moment de la période de contribution. Par l'établissement d'un barrème à un taux d'intérêt déterminé on comblera cette lacune et on facilitera à tous le moyen d'atteindre le maximum de la retraite.

OBSERVATION. — On pourrait objecter qu'il serait plus équitable de faire contribuer selon le montant du salaire ou le montant du revenu. Nous avons examiné cette considération et, vu la difficulté, l'impossibilité même d'établir les classements qui découleraient de ce travail, la variabilité des salaires comme des fortunes et surtout la difficulté de perception sont autant de motifs qui nous ont engagé à établir une prime unique, égale pour tous. Mais, à l'époque de la jouissance, nous avons établi des catégories qui répondent à cette objection.

* *

PARTICIPATION DES COMMUNES. — Il ne faut pas perdre de vue, ainsi qu'on le verra plus loin par les chiffres produits, qu'il faut une somme considérable pour assurer, à tout citoyen au-dessus de 54 ans, une retraite qui le mette strictement à l'abri du besoin.

La contribution de 30 francs réclamée à tous ne permettant pas d'obtenir ce résultat, nous avons examiné s'il ne serait pas possible de faire concourir les communes à cette œuvre de prévoyance nationale.

Le dernier recensement de la population française nous fournit les arguments nécessaires pour légitimer notre demande.

Les statisticiens nous démontrent, par les dénombrements successifs de la population et son classement, que les mariages comme les naissances tendent à s'abaisser dans de déplorables proportions. Ils tirent de ce fait une foule de considérations de la plus haute importance et de la plus grande moralité. Les uns entrevoient l'extinction du génie particulier à notre race par l'intrusion ou l'infiltration dans notre patrie du sang étranger ; les autres, se plaçant à un point de vue différent, envisagent les conséquences qui en résulteraient pour notre pays. Ils établissent que dans 40 ans, si cet esprit d'égoïsme, qui est cause de la diminution des mariages et naissances, se perpétuait, nous n'aurions plus que 35 millions d'habitants alors que l'Allemagne en aurait 80, la Grande Bretagne 100, la Russie 200, et qu'à cette époque nous serions réduits à ne jouer qu'un rôle modeste et effacé, le même qui convient actuellement aux Pays-Bas, au Portugal ou au Danemark.

Cette situation alarme à bon droit les patriotes et les moralistes, et tous se sont mis à la recherche du remède propre à enrayer ce mouvement de décroissance de la population.

Les propositions et les moyens affluent : Ceux-ci veulent atteindre le célibataire en lui faisant supporter une plus large part d'impôt et proposent qu'en compensation on dégrève les pères de famille d'une partie de la leur

ou de sa totalité. Ceux-là vont jusqu'à demander le rétablissement du droit d'aînesse.

Nous ne voulons pas examiner si ces mesures seraient
bonnes ou mauvaises, mais il nous sera permis de douter
de leur efficacité au point de vue de l'influence qu'elles
pourraient exercer sur la procréation.

Les célibataires ne se marient pas le plus souvent à
cause des charges qu'ils entrevoient dans la famille,
lesquelles ne leur permettraient pas de donner satisfaction à tous les besoins qu'ils se sont créés.

Les mariés ne procréent pas par le même motif et
parce qu'en outre ils ne veulent pas que leur progéniture
souffre plus tard de la gêne par suite d'une trop grande
division de leur héritage. Ils veulent, en un mot, assurer
à leurs enfants la plus grande somme de bien-être
possible.

L'impôt, quoique très lourd à supporter, n'entre pas
pour un quantum suffisamment considérable dans les
conditions de l'existence pour pallier à cet état de choses,
et le rétablissement du droit d'aînesse est une trop
grande monstruosité sociale pour l'indiquer comme un
moyen efficace.

Dans tous les cas, s'il n'est point encore permis d'entrevoir une solution radicale, il convient, en attendant,
de combiner et de faire converger tous les moyens pratiques et rationnels vers cette œuvre de régénération.

Notre Caisse nationale de retraite nous en fournit un
qui a, croyons-nous, autant, sinon plus, de valeur que
tous ceux présentés jusqu'ici à la méditation de nos
concitoyens.

Nous avons dit, en effet, que la rente viagère serait
proportionnée aux charges familiales que l'on aurait eu
à supporter pendant la période de contribution, notre
projet est donc un moyen de plus pour favoriser le
mariage et la procréation. Mais il convient d'honorer

ces deux actes civiques par un hommage solennel, éclatant, rendu au moment même où ils s'accomplissent.

Ce sont les communes qui sont toutes désignées pour cela, puisque c'est là que se consacrent les unions et que s'enregistrent les naissances.

Nous faisons donc participer les communes à notre œuvre de la façon suivante : une somme de 25 francs serait inscrite à l'avoir des époux le jour de leur mariage et le jour de l'enregistrement de chacun des enfants qu'ils pourraient avoir par la suite.

Ces 25 francs se transformeront au moment de l'établissement de la retraite en une rente viagère qui viendra augmenter celle provenant de la contribution.

Il nous convient maintenant d'examiner si la charge que nous imposons aux communes n'est point trop lourde à supporter.

La statistique va nous fournir les éléments de constatation nécessaires pour cet objet car, c'est seulement sur des moyennes que nous pouvons nous baser pour nos calculs et nos démonstrations.

NOMBRE DES MARIAGES ET DES NAISSANCES ENREGISTRÉS DE 1881 A 1891

Années	Mariages	Naissances
1881	282.079	937.057
1882	281.060	935.566
1883	284.519	937.944
1884	289.555	937.758
1885	283.170	924.558
1886	283.208	912.838
1887	277.060	899.333
1888	276.848	882.639
1889	272.934	880.579
1890	269.332	838.059
1891	285.458	866.377

En ces 11 années la moyenne des mariages et des

naissances est donc de 1.185.266 et, étant donné la population de la France en 1891 qui était de 37.241.394 habitants nous obtenons le nombre moyen de 31.4 par 1.000 habitants.

Ainsi, une commune de 1000 habitants aurait donc en moyenne et annuellement à prévoir dans son budget des dépenses une somme de $31.4 \times 25 = 785$ francs, somme insignifiante on le voit, eu égard aux bienfaits qui en résulteraient.

. .

CONTRIBUTION DES PATRONS. — Il est une fraction de la population qu'il serait logique de faire participer à la Caisse de retraite que nous préconisons. Ce sont les patrons et les employeurs.

Pour légitimer notre demande nous ne voulons pas invoquer les théories en cours qui sentent trop le doctrinaire ou le philosophe, nous nous bornons à dire, qu'il est de toute justice et de toute équité, qui la personne qui vit ou s'enrichit avec l'aide des autres, par le produit de leur travail doit plus intimement s'intéresser au travailleur, et que c'est un devoir pour elle de songer un peu à l'avenir qui est réservé à ce dernier lorsque ses forces le trahiront et ne lui permettront plus de remplir sa tâche quotidienne.

Partant de là, nous pensons qu'une contribution de 0,50 centimes par cent francs de salaire payés n'est pas excessive et ne peut être un inconvénient au point de vue du prix du salaire.

. .

CONTRIBUTION DE L'ETAT. — Nous avions également songé à faire entrer l'Etat pour une certaine part dans nos combinaisons mais les considérations suivantes nous ont forcé d'abandonner ce projet.

2

Le budget national, le plus considérable du monde, est trop difficile à boucler pour le surcharger encore.

Comme employeur, l'Etat aurait à tenir compte à la Caisse nationale de retraite de la contribution personnelle : 1° des militaires qu'il appelle sous les drapeaux ; 2° des fonctionnaires qu'il emploie aux services publics.

Il est vrai qu'il pourra retenir ou prélever sur la Caisse de retraite créée eu faveur de ses employés, la part qui reviendrait à celle que nous projetons, ce qui réduirait d'autant la charge que nous lui imposons.

REMARQUE. — A ce sujet nous ferons remarquer que toutes les caisses de retraite formées par les particuliers ou les Compagnies, qui imposent déjà le salaire de l'ouvrier ou de l'employé agiront comme l'Etat, c'est-à-dire prélèveront sur les fonds réservés la contribution personnelle de chacun d'eux.

Nous profiterons également de l'examen de cette question pour signaler une anomalie qui se produit dans les rapports de l'Etat et des Compagnies de chemin de fer avec leurs employés : Pour un motif quelconque un employé est révoqué ou démissionne, par le fait seul de sa révocation ou de sa démission il abandonne ou il perd ses droits à la Caisse de retraite, à laquelle il a, pendant un certain temps, participé obligatoirement. Notre projet ferait disparaître cette irrégularité.

La seule charge qui serait imposée à l'Etat serait d'administrer à ses frais la Caisse de retraite que nous préconisons.

.•.

Avant de résumer la partie de notre sujet qui a trait à la contribution, il est bon que nous établissions que la contribution personnelle ne sera pas simplement appliquée à la population française, mais qu'elle le sera aussi à tous les ouvriers et employés étrangers. Toutefois, ceux-ci n'auront droit à la retraite que tout autant qu'ils

se seront fait naturaliser français à une époque à déter-
terminer. C'est-à-dire, qu'il ne faudrait pas qu'ils songent
seulement à leur naturalisation au moment de bénéficier
de l'association, il faut que cet acte s'accomplisse à un
âge où ils pourront encore remplir les devoirs imposés
aux citoyens par nos lois économiques ou sociales.

Cette mesure donnera en partie satisfaction à nos
travailleurs qui se plaignent, et non sans raison, de la
concurrence que viennent leur faire les ouvriers
étrangers.

D'autre part, il doit être également convenu que la
taxe sur la journée de travail sera perçue aussi sur le
salaire de l'ouvrier ayant moins de 19 ans ou plus de
54 ans, toutefois, avec cette restriction, que les versements effectués par les jeunes serviront à combler les
vides qui pourraient se produire plus tard dans la
période de contribution pour cause de maladie, chômages ou accidents ; mais en cas de mort avant 19 ans
ou au delà de 54 ans, toutes les taxes perçues seront
acquises aux héritiers naturels, remboursés aux uns ou
attribuées aux autres comme contribution à la Caisse
nationale. Cette mesure serait étendue également, dès
le fonctionnement de la caisse, à toute personne âgée
de 40 ans qui ne voudrait pas verser la somme globale
nécessaire pour avoir droit à la retraite entière. Cette
restriction est faite parce que c'est la dernière limite
d'âge qui puisse permettre d'établir une retraite propor-
tionnelle appréciable.

. .
* *

Les contributions à la Caisse que nous projetons se
résument donc comme suit :

30 francs par an pour tous les citoyens valides de
de 19 à 54 ans révolus ;

25 francs par mariage et naissance à la charge des
communes ;

0,50 centimes par cent francs de salaires payés par
les patrons et les employeurs.

Ce que produiront annuellement les contributions

La statistique va nous fournir les éléments d'appréciation sur lesquels seront basés nos calculs.

POPULATION SELON LA NATIONALITÉ EN 1891

	Sexe masculin	Sexe féminin	Total
Français... ..	18.333.656	18.669.518	37.003.174
Etrangers.....	598.698	531.513	1.130.211
	18.932.354	19.201.031	38.133.385

Nous aurions voulu étendre les bienfaits de l'association aux
personnes du sexe féminin, mais étant données les exigences
de la vie sociale qui ont rendu, dans les classes moyennes, les
mariages plus difficiles et les professions suffisamment lucra-
tives manquant de plus en plus aux femmes des classes laborieuses, il nous a paru impossible de les faire concourir, même
pour une faible part, à l'œuvre en question.

Toutefois, leur situation ne nous est point indifférente puisque
nous les faisons profiter, dans une certaine mesure, des avan-
tages de la retraite.

Voici, maintenant, comment se répartissent dans les
différents âges les générations mâles qui composaient,
en 1886, la population française et étrangère s'élevant à
38.218.903 habitants.

ANNÉES	Sexe Masculin par 100.000 hab.	Sur la totalité de la population	Sexe Féminin par 100.000 hab.
de 0 à 19 ans	16 935	6.452 235	16.804
de 19 à 55 »	24.615	9.378.315	24.684
de 55 à 100 »	8.260	3.147.060	8.677
	49.810	18.977.610	50.165

. Documents statistiques puisés dans l'*Annuaire Universel*.

Suivant ce tableau, la contribution obligatoire s'appliquerait donc aux 9.378.315 individus de 19 à 55 ans, mais il faudrait logiquement, pour arriver au chiffre le plus réel possible, tenir compte des non valeurs, infirmes ou estropriés. Ne pouvant pas nous appuyer sur des statistiques à peu près précises pour faire ce classement et le distraire de la totalité et envisageant, d'autre part, que les versements antérieurs à 19 ans et postérieurs à 55 ans établiront l'équivalence, nous nous rapprocherons de la réalité en prenant ce chiffre de 9.378.315 comme base de nos calculs.

Cependant, il nous appartient de répondre à toutes les objections qui pourraient se produire aussi bien qu'aux récriminations qui s'élèveraient incontestablement du sein de certaines classes de la société, si notre projet avait la bonne fortune de faire son chemin et d'être adopté.

C'est ainsi qu'une catégorie de personnes, sous prétexte qu'elles ne sont point salariées, qu'elles ne jouissent d'aucune fortune personnelle, qu'elles n'appartiennent à aucune profession, ne manqueraient pas de regimber contre la mesure qui les contraindrait à fournir leur quote part à la caisse de retraite que nous étudions et voudrions établir. Nous voulons parler des individus qui, ayant fait le vœu de célibat, pour ne pas dire de chasteté, vivent en communauté.

Selon leur louable habitude, on le sait, on ne peut toucher même légèrement à leur bourse, sans qu'ils crient à la damnation, à l'injustice, à l'iniquité et tout le vocabulaire de sacristie y passe. Il est donc à supposer que si notre projet venait à être appliqué, ils soulèveraient tous les Dieux de la terre, plutôt que du ciel, pour se soustraire à l'obligation proposée.

C'est que, non seulement ils craindraient pour leur argent, mais encore, *il n'y a personne qui soit aussi prévoyant qu'eux*, de quelles ressources inépuisables les conséquences de notre projet ne les priveraient-ils pas lorsque tous les citoyens, ou à peu près tous, seraient à l'abri de la misère.

En effet, admettons pour un instant que nous arrivions au but désiré, il entraînerait incontestablement la disparition de la plus grande partie de ces œuvres, institutions de charité, d'aumône ou d'assistance qu'ils gèrent à leur gré, sans contrôle, avec lesquelles ils battent monnaie et se créent des ressources inépuisables.

C'est assurément au nom de la charité, qu'ils ont monopolisée, qu'ils attirent à eux des dons considérables, legs de toute nature et de toute espèce, qu'ils sucent, sou par sou, ce que l'épargne individuelle a de plus pur et c'est ainsi que tout en invoquant leur désintéressement des biens de ce monde, ils s'enrichissent d'une façon scandaleuse.

Nous donnons séparément l'état approximatif de la fortune possédée avant 1769 et actuellement par les congrégations, communautés et associations religieuses, ainsi que l'accroissement progressif de leurs biens depuis leur reconstitution, c'est-à-dire, depuis l'avènement de Bonaparte.

En 1769, suivant le tableau de la France et le dictionnaire de l'abbé Expelly, on comptait en France : 16 Maisons chefs d'ordre et de congrégation, 625 abbayes d'hommes en commende, 115 abbayes d'hommes en règle, 253 abbayes de filles, 64 prieurés de filles, 24 chapitres de chanoinesses, 2 couvents de religieuses et chevalières de Malte. Suivant les mêmes autorités, le personnel des divers établissements religieux se composait de 160.000 individus répartis à peu près également entre les deux sexes. — Le revenu de ces établissements était d'environ 120 millions de livres dont 100 millions en produits de biens de mainmorte. En d'autres termes les communautés religieuses possédaient alors plus du dizième du revenu foncier, d'après l'évaluation de Lavoisier.

Supprimées par la Révolution, les congrégations reparurent à la suite du 18 brumaire.

Depuis, différents recensements spéciaux, permettent de se faire une idée de la rapidité avec laquelle les biens des communautés, congrégations et associations religieuses se sont reconstitués.

En 1810 un recensement établi sur la valeur générale des biens des associations religieuses autorisées, constatait qu'elles possédaient 6.858 hectares d'une valeur de 43 millions.

En 1859 au 1er janvier, leurs propriétés immobilières couvraient une superficie de 14.660 hectares et représentaient une valeur de 105 millions.

Enfin en 1880, époque du dernier recensement, les congrégations possédaient 40.000 hectares d'une valeur de 712 millions et la valeur des immeubles s'élevait à 421 millions.

D'après le compte rendu décennal des travaux du Conseil d'Etat établi en 1860 on constate que les legs faits aux congrégations religieuses de 1852 à 1860 se sont élevés à 9.119.435 alors que de 1830 à 1845 ils n'avaient été que de 6.304.000. La progression des acquisitions a été encore plus sensible : de 1802 à 1814 leur valeur ne s'élevait qu'à 105.409 ; de 1815 à 1830 elle montait à 5.442.953 ; de 1830 à 1845 elle était de 5.979.831 ; enfin de 1852 à 1860 elle a atteint 25.102.178.

De 1860 à 1880 l'accroissement moyen annuel a été plus considérable encore et il est permis de l'établir comme suit : De 105 millions la valeur des biens des associations en 1860 elle s'est élevée à 712 millions en 1880. D'où une différence de 607 millions qui établit un accroissement moyen en ces 20 années de 30.350.000 francs.

Or si cette progression s'est continuée jusqu'à nos jours on peut évaluer à 480 millions le total des accroissements de 1880 à 1896. D'où la fortune immobilière des congrégations peut être évaluée actuellement à 1 milliard 613 millions.

Il convient d'ajouter que dans cette évaluation ne sont pas comprises les valeurs en portefeuille, titres au porteur, actions et obligations industrielles, car elles échappent par leur nature et par la discrétion de leurs possesseurs à toute appréciation possible.

Ne sont pas comprises non plus les ressources des congrégations non autorisées lesquelles sont encore beaucoup moins appréciables. Ces congrégations n'ayant point d'existence légale, sont obligées d'avoir recours à divers subterfuges pour échapper à la loi : Substitution de personnes, noms supposés, contre lettres, etc.

Pour compléter cette étude nous croyons utile de donner un relevé succinct de toutes les communautés, congrégations et associations religieuses qui existaient en France en 1876 avec le nombre de leurs membres :

Les congrégations religieuses d'hommes autorisées étaient nombre de 5 avec 2.418 membres ;

Les communautés étaient au nombre de 4 comptant 81 membres ;

Les associations d'hommes voués à l'enseignement étaient au nombre de 23 et comptaient 10.523 membres dont 9.818 frères de la doctrine chrétienne ;

Les congrégations religieuses de femmes étaient au nombre de 259 possédant 2.552 établissements avec 97.009 membres ;

Les communautés de femmes étaient au nombre de 644 comprenant 16.741 membres ;

Les associations religieuses d'hommes non autorisées étaient au nombre de 384 comprenant 7.444 membres ;

Les associations religieuses de femmes non autorisées étaient au nombre de 602 avec un personnel de 14.000 membres.

En résumé et pour établir la comparaison existant entre le nombre des associations, de leur personnel et l'état de leur fortune, avant et après la Révolution nous obtenons les chiffres suivants : En 1769 on comptait en France :

750 établissements d'hommes comprenant 80.000 membres
343   —   de femmes   —   80.000   —
Le revenu de ces établissements était évalué à 120 millions.

En 1876 on comptait :

416 établissements d'hommes avec 20.469 membres
1.505   —   de femmes avec 127.750   —

dont nous avons évalué la fortune actuelle à 1 milliard 613 millions, soit 839.145 francs par établissement et 10.882 francs par religieux.

On verra par là si les religieux auraient le droit de se plaindre de la mesure commune, étant donné, qu'eux, comme tout autre, seraient appelés à jouir de la retraite suivant la catégorie dans laquelle ils seraient placés. En somme, ils font du commerce, fabriquent des liqueurs, de la pommade, des essences, du chocolat, etc. Les religieuses à leur tour, font de la lingerie et de la confection pour femmes, autant de choses qui nuisent à l'élément civil, par la concurrence qu'ils font au commerce, à l'industrie et aux salaires des classes laborieuses, ils ne sauraient donc invoquer qu'ils n'ont pas de professions ni de salaires déterminés.

Il en est de même des personnes favorisées par la richesse, vivant de leurs revenus. On voit tous les jours des fortunes colossales s'effondrer et leurs possesseurs être, du jour au lendemain, réduits à la dernière extrémité. Ceux-ci seront très heureux de bénéficier des versements qu'ils auront effectués, puisqu'ils leur donneront droit alors à la retraite entière.

La contribution personnelle appliquée à 9.378.315 individus produirait donc annuellement 9.378.315 × 30 = 281.349.450 francs.

CONTRIBUTION DES COMMUNES. — Nous avons vu que la moyenne des mariages et des naissances était annuellement de 1.185.266 que nous multiplions par 25 francs. La contribution des communes s'élèverait donc à 29.631.650 par an.

CONTRIBUTION DES PATRONS ET EMPLOYEURS. — Pour établir cette évaluation il faut que nous connaissions le nombre de salariés existant dans les 9.378.315 individus qui constituent la totalité des contribuables à notre caisse.

C'est toujours dans la statistique que nous irons puiser nos chiffres et nos renseignements.

La population de la France se décompose ainsi par profession :

Agriculture...............	47.8 %
Industrie.................	25 %
Commerce...............	11.6 %
Transports et Marine.....	2.8 %
Professions libérales	3 %

Personnes vivant exclusivement de leurs revenus (Rentes, pensions, etc.)................................... 6.2 %.

Administration publique............ 1.9 pour 100 habitants.

Armée, marine, gendarmerie, police . 1.7 — —

De notre chiffre, il faut d'abord déduire le nombre de personnes faisant partie de l'administration publique, l'armée, marine, gendarmerie, police, dont le pour cent est établi sur 100 habitants, lesquelles personnes sont presque toutes âgées de 20 ans au moins et de 55 ans au plus ; elles sont donc, à peu près, toutes comprises dans les 9.378.315 individus cités.

La population de la France étant de 37 millions d'habitants, nous avons donc :

37.000.000 × 1.9 : 100 = 703.000 pour l'administration.

37.000.000 × 1.7 : 100 = 629.000 pour armée, marine, etc.....

Soit ensemble 1.332.000 à distraire de 9.378.315. Il restera donc.......... 8.046.315, qui se répartiront comme suit :

Agriculteurs	3.989.770
Industriels..............	2.086.701
Commerçants	968.228
Transports et Marine.....	233.710
Professions libérales.....	250.401
Rentiers.................	517.502

Dans ces chiffres sont compris les patrons, chefs d'établissements, commerçants, propriétaires fonciers travaillant eux-mêmes leur terre, qu'il serait illogique de taxer, aussi bien que les rentiers et ceux ayant une profession libérale.

Nous allons en faire le dénombrement en nous appuyant plutôt sur l'expérience et la connaissance des choses que sur des chiffres ayant un caractère absolument authentiques.

AGRICULTEURS. — On sait combien la propriété est divisée en France, il n'y a réellement que les grandes cultures et les grands domaines qui occupent des journaliers ou des domestiques à l'année. Ces derniers, à notre avis, n'entrent que pour un cinquième dans la totalité des agriculteurs.

INDUSTRIELS. — Par contre, dans les diverses professions manuelles qui constituent le travail industriel, nous établissons qu'un cinquième représente les patrons.

COMMERÇANTS. — Dans cette catégorie sont compris les gros négociants qui emploient des employés et les petits commerçants qui en emploient peu ou pas. Toutefois, dans cette profession, le patronat est plus accessible que dans l'industrie, et en portant ces derniers à 60 %, nous croyons nous approcher de la réalité.

TRANSPORTS ET MARINE. — Les patrons sont rares dans

le travail qui découle des transports terrestres ou maritimes, ce sont généralement des Compagnies d'actionnaires ou des armateurs puissamment riches, qui exploitent ce genre d'industrie ; or, en évaluant à un pour cent le nombre des patrons, nous sommes, croyons-nous, juste dans notre appréciation.

Donc, si ces proportions sont admises, il en résulterait que

l'Agriculture .... fournit	797.954 salariés.	
l'Industrie................ —	1.669.360	—
le Commerce............... —	387.291	—
les Transports et Marine.. —	231.373	—
TOTAL........	3.085.978	—

Nous avons dit que le salaire moyen annuel était de 8 à 900 francs ; or, en prenant la somme la plus modeste, nous obtenons le chiffre de 2 milliards 468 millions 780 mille 400 francs de salaires annuels, sur lequel la contribution de 0.50 centimes par cent francs réclamée aux patrons doit s'appliquer.

La contribution de ces derniers produirait donc annuellement 12.343.902 francs.

．．
．．

Récapitulant toutes nos contributions, il serait encaissé annuellement pour la formation de la Caisse nationale de retraite :

1o Taxes personnelles...................	281.349.450 fr.
2o Participation des communes	29.631.650 »
3o Contribution des patrons	12.343.902 »
Soit un total de......	323.325.002 fr.

Emploi des Fonds

On prévoit d'avance la somme énorme que vont produire ces 323.325.002 fr. capitalisés pendant 36 ans, il
nous convient donc, avant d'aller plus loin, d'indiquer
comment nous emploierions les fonds de la collectivité.

Nous les convertirions, au fur et à mesure de leur
rentrée, en rentes sur l'Etat, mais nous ne voudrions
pas, dans cette opération, procéder selon l'usage, c'est-
à-dire en achetant sur le marché la quantité successive
de rente correspondant aux fonds perçus. Car il est
indubitable que cette masse énorme de capitaux ainsi
employée, aurait une influence considérable sur les
cours, en les accentuant de plus en plus dans le sens de
la hausse.

Pour obvier à cet inconvénient qui, on le devine,
serait énormément préjudiciable aux intérêts de la Caisse
nationale de retraite, nous ne voyons qu'une solution :
Il serait utile, au préalable, de procéder à une conversion
et si possible d'unifier la dette publique, avec faculté de
l'amortir par voie de tirage à des époques et à un taux
déterminés d'avance.

Par ce moyen les capitaux de la Caisse en question
seraient sûrs de jouir d'un intérêt invariable et la progression produite par la capitalisation suivrait une
marche normale.

DEUXIÈME PARTIE

Période de Jouissance

Le premier point qui s'impose à nos méditations est de savoir ce que produirait cette somme de 323 millions que l'on percevrait annuellement en la capitalisant au taux de 3,50 pour cent.

(Nous fixons ce taux de 3,50 parce que c'est celui qui sert actuellement de base aux tarifs de la Caisse nationale des retraites pour la vieillesse instituée et gérée par l'Etat. On pourra certes prétexter que ce taux n'est pas invariable et qu'il tend à diminuer progressivement, mais nous ferons remarquer que notre œuvre n'a point le caractère particulier d'une opération financière. L'Etat fait actuellement plus du 3 1/2 en moyenne à ses créanciers et si, comme nous l'indiquons, il unifiait sa dette à ce taux il est bien certain qu'il en retirerait un bénéfice assez sérieux pour faciliter la formation de notre caisse sans perte pour lui. Du reste, notre caisse n'est elle point nationale dans toute l'acception du mot et si, au point de vue financier, l'Etat subissait quelque perte par le fait de la diminution du taux de l'intérêt, n'est-ce pas la nation elle-même qui en retirerait d'autre part tout le bénéfice ? Donc, cette objection qui paraît plausible de prime abord, tombe d'elle-même après réflexion).

D'après le calcul auquel nous nous sommes livré, elle formerait après 36 ans de capitalisation le fonds énorme de 22 *milliards 635 millions 208 mille 407 francs*, qui au taux de 3 1/2 produirait annuellement 792.232.294 francs auxquels viendraient s'ajouter le versement annuel de 323.325.002, soit un total à mettre au service des retraites de *1 milliard 115 millions 557 mille 296 francs.*

Connaissant la somme que nous avons à distribuer à nos vieillards, ils nous appartient d'établir les classements imposés par notre objectif.

Nous avons dit que la retraite serait en rapport : 1° avec les versements accomplis ; 2° avec les charges familiales que l'on aurait eu à supporter pendant la période de contribution ; 3° avec l'état de fortune et les revenus de chacun.

Il résulte donc de ces données que pour avoir droit au maximum de la retraite, il faut que le participant ait effectué tous les versements exigés, soit 30 francs par an, et que, de plus, il ne possède rien ou presque rien.

Le minimum de la retraite sera par contre attribué aux rentiers, propriétaires, industriels, personnes ayant, en un mot, un revenu dont l'importance doit être déterminée tout d'abord.

Si on ne perd pas de vue le but que nous poursuivons, on estimera comme nous, que 800 francs constitue un revenu suffisant pour en classer le possesseur dans la catégorie que nous venons d'indiquer.

Nous établissons une catégorie spéciale pour les célibataires n'ayant pas de revenu.

Les charges familiales devant avoir leur part dans la répartition de la retraite, nous accordons aux mariés, suivant leur fortune, une rente supplémentaire en rapport avec le nombre d'enfants qu'ils auront donnés à la Patrie.

Et enfin, nous établissons une catégorie pour les veuves, que nous faisons participer à la retraite suivant le nombre d'enfants qu'elles ont eues dans le cours de leur existence.

Nous avons donc à rechercher : 1° Le nombre d'individus jouissant d'un revenu supérieur à 800 francs ; 2° Le nombre d'individus ne jouissant d'aucun revenu appréciable ; 3° Le nombre des célibataires ; 4° Le nombre des mariés ; et 5° Le nombre des veuves.

Les tableaux suivants, établis d'après les statistiques, nous fourniront ces indications :

Dénombrement de la Population au-dessus de 54 ans

	Sexe mascul.	Veufs	Célibataires	Mariés
Par 100.000 habitants.........	8.260	2.212	1.196	4.852
Sur 37.000.000 habitants.	3.056.200	818.410	442.520	1.795.210
Pensions civiles...............	196.560	52.639	28.460	115.461
Agriculteurs....... 47.8 sur 96.4.	1.515.418	405.823	219.423	890.172
Industriels........ 25 » · .	792.583	212.251	114.761	465.571
Commerçants...... 11.6 » » .	367.759	98.485	53.250	216.024
Transports, Marine. 2.8 » » .	88.770	23.772	12.854	52.144
Professions libérales 3 » » .	95.110	25.470	13.772	55.868

Dans ces nombres sont compris les propriétaires, patrons, industriels, commerçants vivant de leurs revenus ou continuant pour le plus grand nombre à exploiter leurs biens, leur industrie ou leur commerce.

L'expérience sur laquelle nous nous sommes appuyés pour établir la proportion des professionnels, nous servira également dans celle que nous sommes obligés d'édifier pour la répartition de la retraite.

Quelle en est donc la proportion ? Pense-t-on que sur 100 agriculteurs, industriels et commerçants, il n'y en a pas 20 qui jouissent d'un revenu supérieur à 800 francs ?

Dans les transports, nous établissons qu'il y a bien 10 personnes sur 100 qui, arrivées à l'âge en question, ont également un revenu supérieur à 800 francs.

Quant aux professions libérales, comprenant les religieux, avoués, avocats, docteurs, vétérinaires, ingénieurs civils, etc.., nous estimons qu'il y en a très peu qui puissent figurer dans la catégorie des personnes ne possédant rien ou presque rien. En portant le chiffre de ces dernières à 10 pour cent, nous sommes, nous le croyons du moins, dans la réalité.

Si ces proportions sont admises, nous obtenons le classement :

Personnes jouissant d'un revenu de 800 francs et au-dessus

	VEUFS	Célibataires	MARIÉS	TOTAUX
Pensions civiles	52.639	28.460	115.461	196.560
Agriculteurs..........	81.164	43.884	178.034	303.082
Industriels	42.450	22.952	93.114	158.516
Commerçants.........	19.696	10.650	43.204	73.550
Transports et marine...	2.377	1.285	5.215	8.877
Professions libérales...	22.923	12.395	50.282	85.600
Ne jouissant d'aucun revenu appréciable :				
	597.191	322.394	1.309.030	2.230.015
Total général....	818.440	442.520	1.795.240	3.056.200

VEUVES. -- D'après les mêmes documents statistiques il existerait de 55 ans et au-dessus, 3.263 veuves par 100.000 habitants, soit sur la totalité de la population 1.207.310.

Ce nombre comprend les veuves fortunées et celles ne possédant rien, qu'il conviendrait de classer comme nous l'avons fait pour le sexe masculin, mais, à seule fin de démontrer que nous sommes larges dans nos appréciations, nous les faisons toutes participer sans distinction à l'allocation que nous leur destinons.

ENFANTS. — Il nous reste à examiner dans quelle proportion, les enfants doivent entrer dans la répartition de la retraite.

On sait que les communes ont contribué à notre caisse pour une somme de 25 francs versée à chaque naissance au profit du père et de la mère. On comprendra que dans la période de 36 ans, si l'on considère les tables de mortalité, il en est resté beaucoup en route.

Nombre moyen des naissances pour toute la France : 22,6 par 1.000 habitants.

Décès de la première année d'âge : Nombre d'enfants de moins de 1 an décédés, sur 100 naissances, 16.

Mortalité générale : Nombre moyen de décès pour 1.000 habitants, 21,8.

Comment donc arriver à établir la moyenne des enfants obtenus par nos mariés et nos veuves âgés de 55 ans et au-dessus ?

Par la totalité des mariages contractés pendant ces 36 ans d'une part ; par la totalité des naissances enregistrées dans la même période, d'autre part.

Une fois que nous aurons réparti la moyenne des enfants à chaque mariage nous l'appliquerons ensuite à chacune des personnes mariées ou ayant été mariées devant participer à la retraite.

Pour établir la participation des Communes à notre œuvre nous nous sommes servis de la moyenne des mariages et naissances, calculée sur 11 années (1881-1891), nous avons obtenu :

Moyenne des mariages : 280.475 par an
— des naissances : 904.791 par an

En 36 ans nous obtiendrons donc 10.097.100 mariages et 32.572.476 naissances soit une moyenne de 3,2 par mariage.

Or, par les classements présentés, nous avons 1.309.930 mariés sans revenu appréciable, 1.207.310 veuves, soit 2.517.240 multipliés par 3.2 = 8.055.168 enfants.

(Voulant réserver aux mères de famille le bénéfice que nous destinons aux mariages et aux naissances, nous n'avons pas compris, dans le total ci-dessus, les enfants qui devraient être attribués aux veufs).

Répartition de la Retraite

Il ne nous reste plus, avec les données que nous possédons, qu'à répartir aussi équitablement que possi- ble, la somme que nos calculs ont mise à notre disposi- tion et cela suivant les classements établis. Nous l'avons dit et nous le répétons, notre œuvre est éminemment sociale, elle tient aussi bien de l'assistance que de la prévoyance et a pour but d'assurer au pauvre une rente viagère qui le mette, au déclin de sa vie, à l'abri du besoin et de la misère.

Pour arriver à cette fin, nous disons aux favorisés de la fortune : « Vous avez eu moins de peine que tout « autre pour acquitter la prime annuelle que nous vous « avons imposée ; de plus, vous n'avez pas contribué « dans une aussi grande mesure que les travailleurs à « la formation de la caisse, puisque ces derniers ont été « atteints, indirectement il est vrai, par la contribution « que nous avons fait supporter aux patrons. Donc, « vous ne sauriez prétendre à l'égalité dans la distribu- « tion de la retraite.

« Vous auriez souscrit un contrat dans le même sens « avec une compagnie d'assurance et aux mêmes condi- « tions, c'est-à-dire, que moyennant une prime annuelle

« de 30 francs versée, pendant 36 ans, vous n'auriez tou-
« ché que 179.53 de rente viagère et vous n'auriez pas
« profité de l'aléa résultant de la perte de votre fortune
« qui existe dans notre projet, lequel, dans ce cas, vous
« placerait au même niveau que le pauvre et vous don-
« nerait droit au maximum de la retraite. »

Si on tient compte de ces considérations, on estimera
comme nous, que 150 francs de rente sont suffisants
pour cette catégorie et ne choquent point l'équité la
plus sincère.

CÉLIBATAIRES SANS FORTUNE. — Il ne nous appartient
pas d'apprécier les motifs qui les ont empêchés d'asso-
cier à leur existence une compagne, qui eût partagé
leurs joies aussi bien que leurs peines ; nous nous per-
mettrons simplement de faire remarquer que leur
situation de célibataire les place, au point de vue
social, dans un état d'infériorité en face de ceux qui
n'ont pas reculé devant les charges du mariage et de la
famille.

Ils auraient souscrit un contrat d'assurance avec
l'Etat aux mêmes conditions de versement que dans
notre projet, que ce dernier ne leur aurait alloué comme
retraite à 55 ans que 220 francs environ, mais ils ont
contribué pour leur quote part à l'œuvre commune, par
le prélèvement de 0,50 cent. par cent francs de salaires
imposés aux patrons, nous croyons être raisonnable en
leur allouant 250 francs de rente viagère.

VEUFS ET MARIÉS SANS FORTUNE. — Ceux-ci ont rempli
leurs devoirs et ils ont droit à toute notre sollicitude. Ils
doivent bénéficier du maximum de la retraite que nous
établissons à 365 francs.

VEUVES ET MARIÉES. — On l'a vu, nous avons fait
concourir notre œuvre à un acte de régénération sociale.
Récompenser le mariage et la procréation était un

moyen de plus, pour nous, pour encourager et créer un mouvement favorable à l'accroissement de la population. A cet effet, nous avons réservé dans notre projet tout le bénéfice résultant de la contribution des communes et nous l'appliquons à la veuve aussi bien qu'à la femme mariée.

La somme dont nous avons à disposer ne nous permet d'allouer que 50 francs pour l'acte de mariage et 10 francs par naissance.

On prétendra, avec raison, que c'est peu et qu'il conviendrait de trouver une combinaison qui permit d'attribuer à la veuve la moitié, par exemple, de la retraite destinée au mari.

Le moyen est bien simple, il suffirait d'exiger que les versements se fissent sur deux têtes, mais alors le veuf verrait sa rente réduite de moitié et il n'aurait plus, selon nos données, que 182 fr. 50 de rente, alors que le célibataire toucherait 250 francs. Dans tous les cas, comme tout n'est que convention, il n'y aurait aucun inconvénient à ce que le mari eût toujours la faculté d'effectuer ses versements sous cette condition. Il est évident aussi, notre projet aboutissant, que l'on réserverait à la femme le droit de s'assurer comme l'homme, et que, moyennant une prime de 15 francs, elle pourrait prétendre, selon les catégories, à la moitié de la rente établie pour l'homme.

Notre étude a été consacrée au principe ; ce dernier une fois admis donnera naissance à une foule de combinaisons plus utiles les unes que les autres, qui viendront ensuite s'y greffer en leur temps, suivant les circonstances et les besoins.

Résumant tous nos calculs, nous aurions à servir :

une rente de	150 francs à		826.185 rentiers ...		123.927.750
—	de 250	—	à	322.894 célibataires	80.723.500
—	de 365	—	à	597.491 veufs.....	217.074.715
—	de 365	—	à 1.309.930 mariés		478.124.450
—	de 50	—	à 1.309.930 mariées...		65.496.500
—	de 50	—	à 1.207.310 veuves,....		60.365.500
—	de 10	—	pour 8.055.168 enfants....		80.551.680
			Total.........		1.107.164.095
Somme obtenue pour le service des retraites..					1.115.557.296
		Différence au profit de la Caisse...			8.393 201

Considérations générales

Comme tout bon budget, nous avons établi le nôtre avec un excédent de recettes de 8.393.201 francs ; mais, hâtons-nous de le dire, il ne doit être considéré que comme un aperçu de ce que peut produire une institution du genre de celle que nous proposons.

Assurément, rien n'est absolument exact dans nos calculs, parce qu'ils reposent sur des données qui ne sont pas absolument exactes. La statistique qui nous a servi de point de départ, comme elle sert également de point d'appui à un grand nombre d'études et de projets, fournit les moyens de se rendre compte du résultat, des conséquences d'une œuvre et si elle est réalisable, mais ne vous donne point une formule fixe et invariable dont on ne saurait jamais s'écarter.

C'est, dans tous les cas, grâce à elle que nous avons pu produire des chiffres dont il serait injuste de méconnaître la vraisemblance. Car, dans une conception aussi giga tesque, une cinquantaine de millions en plus ou en moins dans le résultat définitif, ne peuvent empêcher d'envisager utilement les conséquences d'un projet.

Nous aurions pu n'examiner que le côté général de la question sans entrer dans les détails ; mais alors, nous aurions été entraînés dans des exagérations autrement redoutables et dangereuses pour la vérité. Que de fois, à propos du même sujet, n'avons-nous pas entendu bon nombre de personnes formuler des appréciations qui, *a priori*, paraissaient sensées et ensuite, après examen, semblaient tout bonnement extravagantes.

Depuis le calcul du Sou de Jésus-Christ, placé à intérêt composé à sa naissance jusqu'à nos jours, on ne doute de rien lorsqu'on parle de Capitalisation ; aussi, d'après les uns, 10 centimes par jour réclamés à chaque citoyen pendant 36 ans, devaient produire la quantité de milliards nécessaires pour permettre de faire à chacun une rente viagère de 1000 fr. ; d'après les autres, peut-être un peu plus experts en la matière, cette quotité ne devait pas produire plus de 200 francs.

Ceux-ci comme ceux là n'étaient pas, on le voit, dans les justes limites de la vérité.

Il en est même qui, poussant plus loin leurs généreuses appréciations, estimaient qu'il suffisait à l'Etat de prélever chaque année, sur son budget, la somme nécessaire pour assurer une retraite aux travailleurs âgés. Ils ne se doutaient probablement pas qu'il fallait un milliard, et plus, pour empêcher simplement ces retraités de mourir de faim.

Pour toutes ces raisons nous avons cru bien faire de pousser cette question jusque dans ses derniers retranchements pour savoir ce qu'elle contenait et ce qu'elle pouvait donner.

Organisation

Je suis de ceux qui croient que, lorsqu'on étudie et présente une question, on ne saurait trop la fouiller dans tous les sens, l'examiner sous toutes ses formes, l'envisager sous tous ses aspects, en signaler tous les inconvénients, en un mot, en faire le procès.

Ce n'est que par cette méthode de travail que l'on peut juger et apprécier sainement le sujet que l'on traite.

C'est ainsi, qu'après avoir démontré ce qu'il serait possible d'amasser pour la formation de notre caisse de prévóyance, ce qu'il serait possible d'allouer comme retraite après un temps et à une époque déterminés, nous allons maintenant rentrer dans le domaine de la pratique en étudiant le mécanisme et l'organisation de notre projet.

L'organisation établie par l'Etat pour le fonctionnement de la caisse nationale des retraites déjà instituée par lui, nous servira puissamment dans l'établissement de la nôtre.

Comme lui, nous avons en vue d'assurer le contrôle, de rendre la perception la moins coûteuse possible, tout en ne compliquant pas les rouages de la vaste machine, et, enfin, d'éviter le côté inquisitorial ou vexatoire inhérent à tout impôt.

Cette dernière considération demande à être élucidée tout d'abord, car elle entre pour une très-grande part dans notre organisation.

L'obligation que nous avons imposée ne saurait aller au-delà du possible : on ne peut demander à celui qui vit au jour le jour, une somme globale qu'il ne possède pas toujours ; d'autre part, laisser la latitude à l'ouvrier ou à l'employé de réaliser lui-même la part d'économie qui revient à notre caisse, serait s'exposer à de nombreux et dangereux mécomptes. Il faut également tenir compte des chômages de toutes sortes auxquels il est exposé ; il ne faut pas non plus créer des soucis à l'homme laborieux ; celui-ci est généralement économe et prévoyant ; sachant que l'établissement de la retraite est subordonné aux versements, il saura les compléter en temps opportun.

Tant pis pour le négligent ou le paresseux ! Il aura le loisir, lorsque l'heure de la retraite sonnera pour lui, de regretter son manque de prévoyance.

Notre obligation réside donc entièrement dans le

prélèvement forcé des 0.10 centimes par journée de travail accompli.

Pour tous ces motifs, nous estimons qu'il conviendrait d'instituer une œuvre qui fonctionnerait à côté de l'Etat. Cette Institution aurait à sa tête un Conseil d'adminis- tration nommé dans la même forme que la Commission supérieure existant déjà pour la Caisse nationale des retraites.

Dans toutes les communes de France, une Commission choisie parmi les notables du pays, comme pour les Caisses d'Epargne, serait également nommée sur l'avis ou la proposition du Maire.

Le Conseil d'administration aurait pour mission de centraliser les opérations des succursales, d'assurer le contrôle et d'établir les retraites.

Les Commissions communales ne percevraient aucun fonds, leur rôle consisterait uniquement à tenir dans un état de régularité constante le compte de tous les parti- cipants.

A cet effet, il serait remis un carnet ou livret de Caisse de Prévoyance, à tous les contribuables, sur lequel seraient enregistrés tous les versements effectués comme ci-après.

Perception des Taxes

Nous créerions des timbres mobiles de 0 10, 0.50, 1 fr. et 2 fr. 50 cent , qui seraient tenus à la disposition du public. De plus, on remettrait à tous ceux qui en feraient la demande, et notamment au journalier ou à l'employé, des feuilles dites de *Retenue*, sur lesquelles seraient apposés les timbres correspondant à la retenue effectuée,

(Cette façon de recouvrer les taxes nous a paru très ingénieuse, en ce sens qu'elle ne donnerait que très peu de travail à ceux qui auraient mission d'apposer les timbres. De plus, elle aurait cet avantage inappréciable, que tout ouvrier pourrait non-seulement s'assurer si la retenue qui lui est faite sur son salaire est bien représentée par la somme de timbres apposés, mais encore elle lui permettrait de remplir lui-même les vides produits par le non accomplissement des journées de travail par suite de chômage ou pour toute autre cause.)

Les patrons comme les employeurs n'auront qu'à appliquer sur ces feuilles le nombre de timbres représentant la retenue faite à l'ouvrier ou à l'employé.

(Des dispositions législatives déterminant les obligations de chacun établiraient également des pénalités sévères pour quiconque ferait dn trafic avec les timbres ou ne remplirait pas le devoir qui lui serait imposé.)

Les timbres devront être oblitérés par la personne qui aura mission de les apposer, à seule fin qu'ils ne puissent plus servir.

Dès que les feuilles de retenues contiendront en timbres une certaine somme, on les présentera à la Caisse nationale de Prévoyance qui en inscrira le montant sur le carnet dont il est parlé plus haut.

(Il sera utile de faire remarquer au journalier qu'il doit aussi souvent qu'il le pourra transformer ses feuilles de retenues en versements définitifs à cause du calcul d'intérêt qui doit entrer pour grande part dans l'établissement de la retraite.)

Les non salariés recevraient une feuille de contribution sur laquelle serait portée la somme à payer, avec faculté de l'acquitter par douzième, comme les autres impôts. Nantis du reçu du percepteur, ils n'auront qu'à le présenter à la Caisse de Prévoyance, qui en inscrira la valeur sur le carnet du titulaire.

La contribution imposée aux communes pourrait se percevoir comme suit : Un extrait succinct de l'acte de mariage et de naissance serait établi par les soins de la mairie sur une feuille *ad hoc* timbrée à 25 francs, laquelle serait remise à l'un des époux le jour de la consécration du mariage et le jour de la déclaration de la naissance.

Les intéressés n'auront qu'à présenter ces feuilles à la Caisse nationale, qui en inscrira la valeur sur leur livret avec une mention spéciale.

(Le livret dit de Famille pourrait servir à cet usage.)

Le recouvrement de la contribution des patrons ne présenterait pas plus de difficultés, si nous avions un moyen de reconnaître l'importance de la somme à percevoir annuellement et pour chacun.

Ferions-nous appel à des moyens inquisitoriaux pour en déterminer la valeur, ou bien suffirait-il de s'en tenir à la déclaration ?

Nous estimons que la déclaration serait suffisante ; cependant, le contrôleur ou les personnes que l'on pourrait proposer à ce service, auraient la faculté de s'assurer de son exactitude.

Une feuille d'imposition serait alors établie conformément à la loi et le montant en serait réglé comme d'habitude.

. * .

Par cette façon d'opérer, on voit le mécanisme de notre organisation : Le rôle des institutions communales est réduit à celui d'enregistreur, et le rôle de l'Etat à celui d'encaisseur, de capitalisateur et de distributeur.

Le travail des différents services, contrôleurs ou percepteurs, on le remarquera, ne serait pas surchargé outre mesure. De plus, on peut prévoir que les personnes qui voudront représenter l'institution, considérant le côté honorifique de l'emploi, s'acquitteront avec zèle et dévouement de la tâche qui leur sera confiée, sans exiger la moindre rétribution. Il n'y aurait que le travail matériel provenant de l'inscription des versements qui pourrait occasionner quelques dépenses. Dans les grandes villes, il donnerait évidemment lieu à la création d'emplois à appointements fixes, mais dans les villes et les communes de moyenne ou de peu d'importance, il n'en serait pas de même, ce service pourrait être confié à l'instituteur ou au secrétaire de la mairie, moyennant une légère rétribution.

Avant de terminer l'étude de cette partie de notre sujet, nous croyons utile de faire remarquer que, quoique la retraite ne puisse avoir son maximum d'effet que 36 ans après la promulgation de la loi relative à la formation de la Caisse nationale, on pourrait très bien établir des retraites proportionnelles, avant l'expiration de ce délai, à partir d'un âge déterminé.

C'est ainsi, par exemple, qu'une personne de 20 ans n'aurait que 35 versements annuels à opérer, celle de 30 ans 25 versements, et celle de 40 ans 15 versements, au lieu de 36 imposés dans notre projet. Il s'agira d'établir des barèmes prévoyant tons les cas : ce que la personne aurait à payer pour compléter ses contributions en retard, puisque la faculté lui en serait réservée, et d'autre part, le montant de ce qu'elle aurait à recevoir sous forme de rente viagère, suivant son âge et suivant les sommes versées.

Nous avons indiqué dans la période de contribution comment pourraient être employés ou attribués les versements obligatoires effectués en dehors des âges participants à la formation de notre caisse. Nous n'y reviendrons donc pas.

Conséquences du Projet

De même qu'il serait absurde de penser que notre projet ne renferme aucune imperfection, de même il serait téméraire de croire qu'il obtiendrait l'adhésion de toutes les classes de la Société.

Certes, comme toute chose bonne en elle-même, il aura ses détracteurs et ses adversaires suivant le mobile, l'opinion ou les vues de chacun :

Exagérant la misère du peuple ils chercheront à démontrer l'impossibilité pour le travailleur de contribuer à cette œuvre, même pour une part infime.

La théorie du laisser faire, laisser passer, leur fournira quelques éléments de controverse.

La retenue obligatoire leur semblera une monstruosité incompatible avec l'indépendance du travailleur.

Les uns, partisans en principe de la retraite pour la vieillesse, demanderont à l'Etat les ressources nécessaires pour l'établir.

Les autres, allant plus loin, invoquant le droit de l'individu à l'assistance, estimeront que c'est au riche seulement qu'il appartient de contribuer à la formation de cette caisse de Prévoyance.

Et enfin, les ennemis de l'assistance légale, ceux qui parlent sans cesse de la charité privée, du rôle charitable des associations, des églises, chercheront à démontrer que c'est dans l'exercice de l'assistance et de la bienfaisance plus développé et plus étendu que gît tout le problème social.

Toutes les raisons que nous venons d'évoquer ne sauraient être prises au sérieux par les penseurs et les personnes dont le jugement ne sera pas faussé par l'intérêt, l'ambition, ou par le besoin de critiquer quand même.

Assurément, il y aura des individus que notre contribution gênera, mais quels sont-ils ? les paresseux ou les travailleurs ? Ceux qui ont un salaire médiocre ou un salaire élevé ?

Consultez ceux qui occupent des ouvriers, et ils vous diront que, d'une façon générale, à quelques exceptions près, celui qui gagne moins économise relativement davantage que celui qui gagne plus, et cela malgré les charges de la famille.

En somme, que leur demandons-nous ? Dix centimes par journée de travail, c'est-à-dire, en d'autres termes, le produit de 15 à 25 minutes de travail journalier.

Laisser faire, laisser passer, maxime chère à tous ceux qui pensent que tout est pour le mieux dans le moins bon des mondes, à ceux que les réformes effraient, qui ne voient dans l'amélioration matérielle de l'individu ou des classes de la société, que la diminution ou l'abolition du privilège que donnent la naissance, la fortune et la situation.

Obliger l'ouvrier à prélever sur son salaire une certaine somme n'est point, nous l'avons dit, une atteinte portée à la liberté. Car, indépendamment que cette mesure est un acte de prévoyance individuelle que commande la sagesse la plus élémentaire, elle est aussi un acte de prévoyance sociale dans ses résultats, en ce sens, qu'elle a pour but de préserver la société d'une trop grande indigence, laquelle en se généralisant peut amener la révolte de l'individu contre elle et engendrer des principes complètement opposés à la constitution des lois qui la régissent.

C'est ainsi déjà que la société s'est imposé un devoir, l'assistance, alors qu'en principe cette dernière exclut le devoir de prévoyance inné chez toute personne sage et clairvoyante.

Forcer l'ensemble des citoyens à participer à une œuvre de ce genre n'est point, non plus, une atteinte portée à leur indépendance, bien au contraire, puisqu'elle les soustrait, dans une certaine mesure et à une époque déterminée, à l'assistance légale, à la charité privée, à l'aumône, etc. ; autant de formes de bienfaisance qui avilissent l'individu, le démoralisent et le mettent en servage.

Prélever sur le budget de l'Etat les fonds nécessaires pour former une caisse de retraite, serait une prime accordée à la paresse, au chômage, à l'imprévoyance et à tous les vices qui en découlent, tout en étant une charge trop lourde à supporter pour l'ensemble des contribuables.

Imposer cette tâche aux riches, outre que ce serait profondément injuste, ce serait difficilement applicable, car, où commence la richesse et où finit elle ?

Et enfin, il nous sera facile de répondre à ces âmes généreuses autant que pieuses, qui veulent de plus en plus développer l'assistance privée parce qu'ils la considèrent comme le moyen le plus efficace et le plus propre à opposer aux maux inhérents à la nature humaine.

Depuis des siècles que par sa puissante organisation, sa multitude d'institutions, œuvres de toute nature et de toute espèce, l'Eglise s'est faite la grande distributrice de l'aumône, nous ne voyons guère diminuer le nombre des miséreux qui envahissent au contraire de plus en plus la société ; mais, ainsi que nous l'avons démontré, nous voyons, par contre, les associations religieuses se vouant principalement aux œuvres d'assistance, amasser des richesses incalculables et tellement considérables, qu'on prévoit déjà le moment où elles constitueront un danger public.

Développer la charité privée, c'est donc accroître la fortune et l'influence des associations religieuses au grand détriment de la société. Mais c'est bien pis encore !

Thiers, qui ne saurait être suspect en la matière, va nous l'apprendre :

« Ne sait-on pas, disait-il, que s'en remettre aux citoyens riches, aux associations, aux églises du soin de secourir les pauvres, c'est livrer la liberté des pauvres aux citoyens riches, aux associations, aux églises? Ne sait-on pas que dans un pays qui méconnaîtrait l'obligation de l'assistance sociale, la charité privée, individuelle ou collective serait la porte par laquelle l'esclavage de la faim, du froid, du hasard ramènerait individuellement l'esclavage personnel ? »

Comme ces quelques vues définissent bien le but que poursuivent tous les êtres bien pensants dans la main puissante du clergé !

Laissons donc la critique s'évertuer, et examinons les conséquences et les bienfaits que réaliserait notre projet s'il venait à être adopté.

Indépendamment des nombreuses combinaisons qui viendraient s'y greffer, telles que *la participation de la femme, des enfants, versements sur plusieurs têtes, risques d'accidents, maladies, chômages, etc.*, toutes en vue d'assurer les risques occasionnés par la fragilité humaine qui stimuleraient la prévoyance et l'épargne, nous assisterions également à la plus grande manifestation de solidarité sociale qui se soit jamais produite :

Tout un peuple faisant concourir l'épargne individuelle, non seulement à l'extinction de sa dette, mais encore à l'extinction de la misère imméritée.

Tous les citoyens d'une même nation se solidarisant

dans un même effort et contractant, les uns vis-à-vis des autres, une dette d'autant plus sacrée qu'elle serait puisée dans la source, vive et pure, de l'épargne et du travail.

Qne de bienfaits pour l'individualité et pour la collectivité une œuvre pareille ne réaliserait-elle pas ?

La vieillesse assurée ! mais c'est la moitié de la tâche quotidienne accomplie ; c'est la perspective la plus sereine de l'existence ; c'est éloigner le souci ; c'est la tranquillité et la joie du foyer ; c'est plus encore, c'est l'apaisement général !

En effet, on verrait disparaître ces révoltes contre la société, qui se traduisent généralement par des revendications qui étonnent, qui effraient, qui froissent et jettent le trouble.

La confiance renaîtrait dans les esprits, la sécurité, la quiétude enhardiraient les capitaux qui, dès lors, n'éprouvant plus de crainte, seraient lancés dans le travail pour son plus grand profit.

Ces milliards de dettes qui seraient remboursés auraient bien également à trouver un emploi ? Ils se jetteraient en grande partie dans l'industrie, dans le commerce, dans l'agriculture, semant partout le travail et la prospérité qui en découle.

Et si, par malheur, la patrie venait à être menacée, avec quel acharnement ne serait-elle pas défendue ? Non pas seulement pour empêcher l'envahisseur de nous ravir le morceau de terre que nous nous plaisons à fouler, non pas à cause des coutumes, des lois et de la langue qu'il nous imposerait, mais encore parce que ce serait le pain de nos vieux jours qui pourrait nous être refusé, si le sort des batailles venait à nous être contraire.

Ces considérations aidant, nous verrions combien serait facile à supporter l'effort pécuniaire que cette œuvre exigerait.

Dans toutes les classes de la société on s'ingénierait pour augmenter les ressources de cette caisse : les sous-criptions publiques afflueraient ; les legs de toute nature, dont la majeure partie vont aux associations religieuses, lui seraient attribuées ; les troncs des écoles laïques, devenus inutiles, seraient remplacés partout par les troncs de la Caisse nationale de retraite ; la charité privée, les fêtes de bienfaisance, les cavalcades, les réjouissances publiques et privées auraient un but, un mobile : la Caisse nationale de retraites. Il n'y aurait pas jusqu'aux subventions de l'Etat, des départements et des communes qui ne viendraient accroître ses res-sources.

Enfin, nous reportant à 36 ans en avant, ce n'est pas 4 à 500 francs au maximum que le travailleur laborieux toucherait sous forme de retraite, ce serait 600 francs, ce serait 700, et plus peut-être.

On le voit, ce ne serait plus alors simplement le mor-ceau de pain qui met à l'abri de la faim, ce serait une aisance relative dont rien ne viendrait assombrir le charme, car elle serait la récompense, *due et méritée*, de 36 années de labeur.

Mais, si notre projet avait la bonne fortune d'être pris en considération, que l'on en proclamât le principe et qu'il fut appliqué, il aurait, au point de vue économique, des conséquences plus importantes et plus remarqua-bles encore !

En effet, on ne tarderait pas à se demander pourquoi l'Etat, au même titre que toutes les Compagnies d'as-surances, n'offrirait pas à l'épargne individuelle toute la variété de combinaisons en usage.

Sans considérer, comme E. de Girardin, l'assurance comme le principe universel de la politique, nous pou-vons dire que plus les générations se succéderont, mieux on comprendra cette sage précaution qui consiste à s'assurer contre tous les risques d'existence ou contre tous les coups imprévus du hasard.

C'est en vain que l'on objectera, comme Proudhon, que les associations de cette nature sont des actes d'insolidarité sociale. Car, il faut bien le reconnaître, plus nous avancerons dans l'âge du monde, plus se développera le sentiment égoïste de l'intérêt personnel, moins on comptera sur les autres et plus l'esprit de solidarité se relâchera dans nos mœurs.

Il en est déjà ainsi chez nos voisins les Anglais et chez nos frères des Etats-Unis où, comme chacun le sait, la maxime du « Tout pour soi » préside à tous les actes de la vie sociale. C'est ce qui explique leur tendance à tout réduire aux proportions d'une opération financière ou commerciale.

Aussi, dans ces deux pays, les assurances sur la vie sont beaucoup plus développées et répandues que dans le nôtre :

ASSURANCES EN COURS AU 1er JANVIER 1893

Compagnies américaines....	21 milliards	129 millions
Compagnies anglaises.......	13 —	733 —
Compagnies françaises......	3 —	392 —

Cependant, si ces chiffres indiquent que nous sommes en retard sur les nations que nous venons de citer, il serait injuste d'attribuer le peu d'engouement du public pour cette sorte d'opération, à son manque d'esprit pratique ou de dire qu'il méconnait les bienfaits de l'assurance sur la vie.

Non, le motif de cette indifférence ou de ce peu d'empressement tient uniquement à ce fait que l'assurance coûte trop cher.

Les sociétés mutuelles, qui seules pourraient donner l'assurance à bon compte, n'existent pas, pour ainsi dire, dans notre pays, malgré les nombreux et généreux efforts tentés dans ce sens un peu partout.

Elles sont arrivées trop tard, alors que la place était prise par les Sociétés anonymes, lesquelles ont mono-polisé ce genre d'opération, grâce au puissant crédit que leur donnent les centaines de millions qu'elles ont puisés dans l'épargne, qu'elles offrent sous forme de garantie à leurs assurés et au public.

Lorsque, d'autre part, on compare l'énormité des dividendes distribués à leurs actionnaires, eu égard à leur fonds social, on est étonné que l'Etat s'inspirant de l'intérêt public et des bienfaits de la mutualité appliquée à ce système économique, n'en ait pas pris la direction pour le plus grand profit de tous.

Quatre compagnies sur les 17 existant actuellement centra-lisent, à peu près tous les contrats d'assurances passés en France: Ce sont les *Assurances Générales*, le *Phénix*, la *Nationale* et l'*Union*. A elles seules, elles possèdent un fonds de réserve 4 à 5 fois plus élevé que celui constitué par les 13 autres compagnies.

ASSURANCES GÉNÉRALES. — Société fondée en 1819 au capital de 3 millions divisé en 2.000 actions de 1.500 francs libérées ; a distribué 70.641 francs de dividende par action depuis sa fondation, indépendamment de l'intérêt de 5 % par an des versements effectués. — Les actions de cette Compagnie étaient cotées en bourse : 78.800 francs en 1893, 68.000 francs en 1894, 57.000 francs en 1895 et 51.000 francs en 1896.

LE PHÉNIX.— Société fondée en 1844 au capital de 4 millions, divisé en 800 actions de 5.000 francs sur lesquelles 1.000 francs ont été versés. A distribué 17.778 francs de dividende par action depuis sa fondation. Ses actions valaient 34.500 en 1893, 34.000 francs en 1894, 30.500 en 1895 et 30.000 en 1896.

LA NATIONALE. — Société fondée en 1820 au capital de 15 millions divisé en 3.000 actions nominatives de 5.000 francs sur lesquelles rien n'a été versé. A distribué 19.155 francs de dividende par action depuis sa fondation. Valait 37.500 francs en 1893, 34.000 en 1894, 28.700 en 1895 et 28.500 en 1896.

L'UNION. — Société fondée en 1829 au capital de dix millions divisé en 2.000 actions nominatives de 5.000 francs sur lesquelles rien n'a été versé. A distribué 6.061 francs de dividende par action depuis sa fondation. Valait 7.000 francs en 1893, 6.000 francs en 1894, 4.150 francs en 1895 et 4.000 francs en 1896.

Ces données nous permettent d'établir que depuis leur fondation, ces Sociétés ont distribué à leurs actionnaires 225.091.400 francs et que de plus, suivant renseignements puisés dans l'annuaire des valeurs cotées en bourse, elles ont constitué un fonds de réserve et de prévoyance de 1 milliard 301 millions 133 mille francs :

Assurances Générales...	596.875.549
Phénix	228.986.957
Nationale	363.015.180
Union	112.255.922

Par les renseignements que nous venons de fournir, on a dû remarquer que, depuis 4 ans, la valeur en bourse de l'action de ces quatre Sociétés a diminué progressivement et considérablement.

Sans examiner les causes de cette dépréciation, ce qui nous entraînerait dans des considérations beaucoup trop longues, nous pouvons dire qu'elle témoigne d'un certain ralentissement dans leurs opérations, non pas que les assurances-vie soient moins en faveur dans le public, mais bien parce que les Sociétés mutuelles étrangères, viennent dans notre propre pays offrir l'assurance à meilleur compte, aussi bien au point de vue du prix que des conditions du contrat.

C'est ainsi qu'il en est une qui, surpassant toutes les autres dans ses innovations, va jusqu'à garantir les, risques de duel, de guerre, de suicide, de voyage, etc. faisant disparaître toutes les causes de contestation au moment du paiement.

Les sociétés françaises, dont le portefeuille est menacé, se défendent comme elles peuvent contre cette concurrence d'outre-mer, qui vient les tracasser dans le paisible fonctionnement de leurs opérations.

Un procès récent, intenté par les Assurances Générales à la Mutual Liffe, compagnie américaine, indique l'état d'esprit de nos compagnies françaises. Elles comprennent, en effet, qu'à garanties égales, elles ne peuvent lutter avec les mutuelles qui n'ont pas d'actionnaires à rétribuer.

Sans entrer dans de plus longs détails à ce sujet, il nous sera permis toutefois de signaler un point important qui se dégage de la concurrence que nous venons d'indiquer.

Si les sociétés étrangères viennent s'implanter chez nous, qu'elles y prennent racine, elles draineront à l'Etranger une masse énorme de capitaux dont le remploi dans notre pays produirait incontestablement une certaine somme de travail et de bien-être.

Donc, il y a un danger social à conjurer d'une part et l'intérêt public à satisfaire d'autre part.

Comment résoudre ces deux questions ?

En confiant à l'Etat le rôle d'assureur.

L'Etat devenant assureur, c'est la constitution d'une société mutuelle nationale, et par suite, l'assurance au prix le plus réduit. C'est aussi la meilleure des garanties à offrir au public.

Si cet espoir se réalisait, on ne tarderait pas à rendre justice à notre esprit pratique ; on verrait, par la multiplicité des contrats, que nous savons apprécier les bienfaits de l'assurance-vie, et nous assisterions à ce fait unique dans l'histoire économique des peuples, d'une nation ACQUITTANT SA DETTE, *la plus forte du Monde*, RACHETANT SES CHEMINS DE FER, *nécessité qui s'impose*, par la seule puissance de l'EPARGNE INDIVIDUELLE.

.* *

Telles sont les conséquences que notre projet pourrait entraîner et que nous soumettons à l'examen de ceux qui voudront bien nous lire.